Wohn-ambiente

weiß in weiß

Stephanie Hoppen

Wohn-ambiente

weiß in weiß

Fotos: Andrew Wood

Aus dem Englischen übertragen
von Wiebke Krabbe

Lifestyle by BUSSE SEEWALD

Widmung

Dieses Buch habe ich meinen Enkeltöchtern Natasha, Daisy,
Mimi, Ella und Plum gewidmet, die Licht in mein Leben bringen.

Originalausgabe:

Stephanie Hoppen, White on White
Copyright © CIMA BOOKS 2000
Text: Copyright © Stephanie Hoppen 2000
Fotos Copyright © Andrew Wood 2000
ISBN 1-903116-05-8
CIMA BOOKS, 32 Great Sutton Street, London EC1V ONB

Die Deutsche Bibliothek – CIP-Einheitsaufnahme

Wohnambiente weiß in weiß / Stephanie Hoppen. Fotos: Andrew Wood.
Aus dem Engl. übertr. von Wiebke Krabbe. [Red.: Ulrike Rudolph]. –
Herford : Busse Seewald, 2000
(Lifestyle by Busse Seewald)
Einheitssacht.: White on white <dt.>
ISBN 3-512-03221-4

Deutsche Ausgabe:

© Verlag BusseSeewald GmbH, Herford 2000
Übersetzung: Wiebke Krabbe, Damlos
Redaktion: Ulrike Rudolph, Bad Salzuflen
Herstellung: Richard Brüll, Vlotho
Satz: BusseDruck, Herford
Lithos: Bantam Prospect, Essex
Druck und Bindung: Tien Wah Press, Singapore

ISBN 3-512-03221-4

Inhalt

Warum Weiß?

Ich sitze an meinem Computer, schaue hinaus auf die Hintergärten an der Walton Street in London und versuche mich zu erinnern, wie meine Leidenschaft für Weiß begann. Warum umgebe ich mich so gern mit Weiß in allen Schattierungen? Was genau hat es mit dieser Farbpalette auf sich, dass ich mich damit so wohl fühle? Alle meine Wände sind weiß oder cremefarben, ebenso meine Bettwäsche und alle meine Blumen. Als Kunsthändlerin macht Weiß und Creme für mich Sinn, weil Bilder nun einmal auf einfarbigen Hintergründen am besten wirken. Und weil ich so viele verschiedene im Lager habe – von zarten Zeichnungen bis zu imposanten, goldgerahmten Ölbildern – weiß ich, dass Weiß der beste und universellste Hintergrund für sie alle ist.

Das mag wohl ein Anhaltspunkt sein, doch es ist nicht der einzige Grund. Ich liebe Weiß wegen seiner zeitlosen Schönheit. Es kommt und geht nicht mit den Moden, es ist einfach immer modern. Wer sich für Weiß entscheidet, befreit sich vom Diktat der Modetrends. Das ist auch darum eine enorme Erleichterung, weil man problemlos Antikes und Modernes mischen kann und so eine wunderbare Harmonie voll Licht, Ruhe und Weite schafft.

Wie wir alle wissen, ist Weiß nicht gleich Weiß. Soweit ich weiß, verkauft Ralph Lauren etwa zweiunddreißig verschiedene Weißtöne. Es gibt also ein breites Spektrum, das von den sanften warmen Tönen dicker Sahne über zartestes Grau bis zu Blauschattierungen von Vogeleiern reicht. Das Kombinieren dieser Schattierungen verlangt Überlegung und Sorgfalt. In meinem eigenen Wohnzimmer kommen fünf Nuancen von Weiß zusammen, und ich habe mir über jede einzelne den Kopf zerbrochen.

In diesem Buch sehen Sie vor allem, wie wichtig Strukturen in einfarbigen Interieurs sind. Ohne Strukturen würden weiße Räume kahl und leblos wirken. Experimentieren Sie mit Strukturen und Sie werden eine Fülle der Möglichkeiten entdecken, dem Raum Leben zu geben und Akzente zu setzen.

Ich persönlich lege Wert darauf, in jedem Raum eine gastliche Atmosphäre zu schaffen, und ich liebe die Großzügigkeit. Nicht nur ein Sträußchen Schneeglöckchen, sondern gleich ein dickes Bund, nicht ein einsames Baiser auf einem Teller, sondern eine ganze Schale voll. Um diesen Aspekt meines Stils geht es auch in diesem Buch: Üppigkeit, Fülle und Großzügigkeit, die gerade in Weiß einfach herrlich sind.

Weil ich wirklich meine, dass Weiß eine Einrichtungsfarbe für alle Jahreszeiten ist, habe ich das Buch wie eine fotografische Impressionsreise durch das Jahr geordnet – von zarten Frühlingsblüten bis zum Glitzern des Winters. Ich wünsche Ihnen viel Vergnügen.

Frühling

Zarte Weißtöne wie von Eierschalen und Seidenpapier kennzeichnen das Wesen des Frühlings: Weißtöne, so transparent wie dünner Zuckerguss auf einem heißen Hefeteilchen und so klar und flüchtig wie ein Tautropfen. Im frischen Frühlingswind flattern weiße Laken auf den Wäscheleinen und Musselingardinen bauschen sich an den Fenstern. Es wird Zeit, alle Gedanken an Schnee und Frost zu verscheuchen und der Erneuerung des Jahres Raum zu geben. Schütteln wir das weiße Leinen aus und füllen das Haus mit Frühlingsblüten, die von den ersten Sonnenstrahlen liebkost werden.

Im Frühling erscheinen die ersten Krokusse, die weißen Narzissen, die Apfelblüten und die cremefarbenen Hyazinthen. Ich habe auch im Haus gern Arme voll Blumen, weil ich schon immer einen Teppich aus Krokussen viel ansprechender fand als ein kleines Büschel. Hyazinthen duften nicht nur unwiderstehlich nach Frühling, sie haben auch eine faszinierende Form. Pflanzt man eine größere Gruppe in ein geometrisches Gefäß, etwa schlichte, weiß lackierte Dosen oder japanische Lackschachteln, sind sie ein prächtiger Frühlingsschmuck.

Nun gibt es außer Blumen natürlich noch andere jahreszeitliche Dekorationen. Füllen Sie weiße Schalen und Körbe mit Marmoreiern oder originelle Glasvasen mit weißen Kieselsteinen. Steine und Kiesel sehen sehr modern und urban aus, während verblichenes Treibholz und kleine Muscheln eher rustikalen Charme versprühen.

Ich meine, dass es besser ist, die Sinne um diese Jahreszeit nicht mit zu vielen Strukturen und Eindrücken zu überwältigen. Der Kontrast zwischen schweren Leinenpolstern und einem zarten Seidenkissen kann völlig ausreichen. Weiß auf Weiß bestickte Tischdecken oder Tagesdecken können zauberhaft aussehen. Ich persönlich schätze frische weiße Bettwäsche zu allen Jahreszeiten. Der Frühling aber schreit geradezu nach einer feierlichen Dekoration, etwa einem prächtigen Stapel aus antiken Spitzenkissen oder einer gequilteten Tagesdecke mit einem Hauch von Farbe.

Das erste zarte Grün der frischen Triebe ist der wichtigste Farbakzent des Frühlings. Es ist so jung und frisch, dass man es in der Frühlingsluft beinahe schmecken kann. Und dann gibt es da das Gelb der Schlüsselblumen und der Narzissen, die das Osterfest ankündigen. Auch ein zartes Blaugrau passt in diese Jahreszeit. Es ist eine Farbe von tastender, behutsamer Qualität, die ideal zum zarten, blassen Licht passt.

weiße Magie

Frühlings Accessoires

Bärengras in einer weißen Craquelée-Schale, dieses Gemälde der Künstlerin Galley fasst für mich das Wesen des Frühlings zusammen. Es ist frisch und grün, und es sprüht vor Energie. Ich würde ihre Bilder in Ecken hängen, die ich instinktiv sonst vielleicht mit einer Vase voller Blumen beleben würde. Diese Gemälde wurden von meiner Galerie in London speziell für dieses Buch in Auftrag gegeben. Jetzt malt Galley alle nur denkbaren Arten von weißen Blüten in allen nur vorstellbaren Gefäßen.

Kleine Bilder muss man nicht unbedingt an die Wand hängen. Man kann sie auch in ein Regal oder auf eine kleine Staffelei stellen, sodass das Arrangement weniger endgültig wirkt. Selbst große Bilder kann man, wie auf dem kleineren Foto zu sehen, an eine Wand lehnen.

oben Eine Auswahl weißer Bänder mit eingewebten Mustern und ein leinernes Tischset. Diese lockeren, offenen Gewebe sind der Inbegriff von kühlem Weiß.

links Dieser Raum versprüht eine Atmosphäre von frühlingshafter Erwartung. Das duftige weiße Leinenhemd wartet darauf, übergestreift zu werden, und die Blumen in der gläsernen Wandvase haben eine Ausstrahlung von vergänglicher Leichtigkeit.

rechts Wenn kein Weiß, dann Glas. Diese beiden edlen Champagnerflöten sind nicht einfach Trinkgefäße, sondern Kunstobjekte. Eine andere Kunstform, die ich sehr liebe, ist die Schwarz-Weiß-Fotografie. Ein gerahmtes Foto sieht in einem weißen Interieur hinreißend aus.

links Die originelle Lampe mit den Papierschirmen und den gedrehten Plastikstielen erinnert an eine skurrile Pflanze. Der Blick durch das Fenster auf den Garten bildet den perfekten Hintergrund. Die milchigen Glasbecher machen das Ensemble komplett.

Hier sind sie, die frischen, kühlen Weißtöne des Frühlings. Sie haben etwas Unverschnörkeltes an sich, das an belebenden Luftzug und gute Vorsätze erinnert. In einem weißen Interieur kann man das Sonnenlicht erst richtig schätzen, und natürlich kommen auch die unterschiedlichen Strukturen umso besser zur Geltung. Denken Sie an Sonnenlicht, das auf weiß gestrichene Holzdielen fällt, auf eine glänzende Oberfläche, auf eine Bienenwachskerze oder auf einen sanft gerundeten Krug mit Craquelée-Glasur, und Sie sehen vier verschiedene Weißtöne.

unten Frisch gebügelte weiße Damastservietten, zusammengebunden mit einem schönen Band, sind viel zu attraktiv, um sie im Wäscheschrank zu verstecken.

oben Die markante, klare Linienführung in Charles Worthingtons modern und minimalistisch eingerichteter Wohnung wird durch die sachliche, würfelförmige Kerze und das originelle Blumenarrangement aus Reagenzglas-Vasen geschickt betont.

rechts Das weiß gestrichene Holz der Wandvertäfelung bildet einen schönen, informellen Hintergrund für einen hübschen kleinen Beistelltisch mit gedrehten Beinen und geschwungener Platte. Der große Vorteil an Weiß ist, dass es Stile und Epochen harmonisiert. Der Stuhl, wie der Tisch aus antiker, lackierter skandinavischer Kiefer, ist mit einem indischen Baumwollkaro bezogen.

Fröhliche Ostern

Ostern dreht sich natürlich alles um Eier, und es gibt tatsächlich nur wenige Dinge mit einer so umfassenden Symbolik wie das Ei. Nicht einmal Michelangelo könnte seine perfekte Form verbessern. In der uralten Folklore ebenso wie in der modernen Sciencefiction spinnt sich um das Ei das mystische Versprechen von Dingen, die da kommen sollen. Die Farbe der Eier reicht von getupftem Braun bis zu einem Weiß, das in seiner Zartheit fast ins Blaue schlägt. Auch die Oberflächen variieren. Die meisten Vogeleier sind eher matt – manche mehr als andere – doch nicht alle Eier werden von Vögeln gelegt. Dekorationseier werden aus glattem, schimmerndem Marmor hergestellt, aus Granit gehauen und dann poliert, aus Gips oder Porzellan geformt und bemalt. Auch die Größe spielt eine Rolle. Naturbelassene Straußeneier sind eine schöne Dekoration, aber auch kleine Nester mit Wachteleiern sind reizend anzusehen – und köstlich zu essen.

Wir assoziieren Ostern meist mit gelben Narzissen, gelben Küken und dunkelbraunen Schokoladen-Ostereiern. Wenn Sie als Thema jedoch die Eierschale und das zarte erste Frühlingsgrün wählen, können Sie Osterdekorationen ganz anderen Stils zaubern.

Das Thema meines Ostertisches ist die Ostereiersuche. Weil wir keinen Garten haben, um die Eier zu verstecken, haben wir auf dem Esstisch eine Landschaft gebaut. Wir haben kleine Grasknäuel in weiße Schalen mit niedlichen Bogenrändern und in Silberkörbchen unterschiedlicher Höhe gelegt. Dann habe ich alle kleinen, niedrigen Vasen zusammengetragen, die ich finden konnte, und Frühlingsblumen hineingestellt.

Eier? Nein. Das ist eine wertvolle Sammlung antiker Elfenbein-Billardkugeln in einer edlen Baccarat-Schale aus den 1920er Jahren. Auch gläserne Eier sehen großartig aus. Das Licht bricht sich auf ihrer Oberfläche und zeichnet jede Rundung nach.

Besonders gut gefällt mir die kleine Pflanzschale in Form einer Schachtel, die aus einem Streifen geprägter metallener Zierleiste besteht. Solche Leisten verwendete man um die Jahrhundertwende in Amerika und Australien, als Stuckdekorationen groß in Mode waren, es aber an fähigen Handwerkern ebenso wie an Mustern fehlte.

Überall auf dem Tisch verteilt liegen geschälte Wachteleier, weiße Plätzchen und Ostereier aus weißer Schokolade. Alle „echten Eier" sind (vorsichtshalber hart gekochte) Enteneier, die ganz einfach in ihrer Naturfarbe belassen wurden. Ich fand es völlig unnötig, sie zu bemalen oder zu färben.

rechts Als Pflanzen für meinen Ostertisch wählte ich weiße Anemonen, weiße Lilien, Maiglöckchen und Töpfchen mit Bubikopf *(Helixine soleirolii)*.

oben Ein Miniaturwald aus „Paper White"-Narzissen auf meinem Ostertisch. Der Gast, der in sechzig Sekunden die meisten Ostereier fand, bekam als Preis einen weißen Schokoladen-Osterhasen.

Frühlings blüten

links Ich bin keineswegs eine Verfechterin der Weniger-ist-mehr-Theorie, doch wenn es um Blumen geht, muss ich zugeben, dass ein einzelner Stiel in einem sorgfältig gewählten Gefäß großartig aussehen kann. Auf dem großen Bild sehen Sie zarte Orchideen, die einer Gruppe schön geformter, satinierter Glasvasen Leben geben.

rechts oben Butterweiße Freesien in milchweißem Porzellan – eine wunderschöne Kombination.

rechts unten Diese ungewöhnliche Orchideenblüte gibt der Beziehung zwischen der geschwungenen Vase und der schlichten Schale das gewisse Etwas.

Das Spektrum der Weißtöne ist schier unerschöpflich, wenn man auch die Nuancen von Elfenbein, Sand, Stein, Creme, Buttermilch, Käse oder Champignons hinzurechnet. Nirgends wird das deutlicher als in der Welt der Blüten.

Der Variantenreichtum der weißen Blumen ist atemberaubend: von den ersten Schneeglöckchen bis zu den Christrosen, vom winzigen Schleierkraut bis zur gewaltigen Madonnenlilie, von einfachen Gänseblümchen bis zur exotischen Orchidee.

Ich finde weiße Blumen unendlich vielseitig, und wenn keine intensiven Farben das Auge ablenken, kommen die variantenreichen Formen und Strukturen von Blüten und Blättern umso besser zur Geltung.

Hochzeits blumen

Hier war der Anlass ein Hochzeitsfrühstück im Frühling. Es ist schon eine Herausforderung, eine Wohnung mit weißen Blüten anzufüllen – und nichts als weißen Blüten. Doch die Wirkung war hinreißend: ätherisch, zauberhaft und sehr romantisch. Um die fehlende Farbenvielfalt auszugleichen, setzte Dave Lawrence vom Londoner Floristikbetrieb Grovers auf Formen, Strukturen und Assoziationen. Calla-Blüten sorgten für skulpturale Form und modernes, „urbanes" Flair, während Flieder seinen wundervollen Duft beisteuerte. Sinnliche, üppige Amaryllisblüten wurden in Behältern mit Kompost und Moos arrangiert und mit Bast zusammengebunden. Gefüllte weiße Rosen wurden als Sinnbild für romantische Gefühle ausgewählt und weiße Anemonen wegen ihrer Zerbrechlichkeit.

vorige Seite Fertig vorbereitet warten alle Blumen für das Hochzeitsfrühstück auf dem Küchentisch darauf, in der ganzen Wohnung verteilt zu werden. Weiße Calla-Blüten, gefüllte weiße Rosen, weißer Flieder, weiße Amaryllis, weiße Anemonen... außer Grün gibt es hier keine andere Farbe. Perfekter und frühlingsfrischer kann der Rahmen für einen Hochzeitsempfang zu Hause nicht sein.

oben links und Mitte Kleine Sträußchen schmücken die Tische, manche in silbernen Schwänen, andere in Glasvasen mit silberner Verzierung. Muscheln, die auf den Tischen verteilt sind, sorgen für einen zarten Perlmuttschimmer.

links Winzige „Paper White“-Narzissen, mit Bast gebündelt und in Tonblumentöpfe gestellt, ergeben eine schlichte, preiswerte und doch reizende Mitteldekoration für die einzelnen Tische beim Hochzeitsempfang.

rechts Die cremeweißen Blütenblätter einer einzelnen Tulpe vor der ehrwürdig gealterten Oberfläche eines Bücherregals zeigen einmal mehr, dass verschiedene Schattierungen von Weiß keineswegs fade oder uninteressant wirken müssen.

Frühlings interieurs

Ein Interieur ganz in Weiß passt sich leicht dem Wechsel der Jahreszeiten an, weil es die jeweilige Qualität des Lichts reflektiert und so automatisch den Farbton der Jahreszeit annimmt. Wollen Sie ein weißes Interieur für den Frühling herrichten, sind kaum mehr als einige kleine Veränderungen an Polstermöbeln und Vorhängen nötig, eventuell sollten Sie auch über die Blumen und die Beleuchtung nachdenken. Und schon können Sie dem Frühling freie Bahn geben.

Diese ungewöhnliche Scheune in Suffolk wurde in den 1960er Jahren errichtet und vom jetzigen Besitzer Jorn Langberg umgebaut. Im Herbst wird sie als Ausstellungsraum für zeitgenössische britische Künstler gebraucht. Im Frühling und Sommer aber ist sie ein zusätzlicher Wohnraum, der das kleine Wohnzimmer im Hauptgebäude aus dem 17. Jahrhundert entlastet. Der Raum, der das ganze obere Geschoss einnimmt, wird von allen Seiten vom Licht durchflutet, und er hat eine herrliche Aussicht auf die Landschaft von Suffolk.

Ein bemerkenswertes Element in diesem Raum ist die Sammlung weiß gestrichener gustavinischer Möbel, die im letzten Viertel des 18. Jahrhunderts während der Herrschaft Königs Gustav III in Schweden hergestellt wurden. Skandinavien stand, wie die übrigen Länder Europas in dieser Zeit, ganz unter französischem Einfluss. Nun besaßen die Skandinavier aber nicht das edle Walnussholz oder Mahagoni, das die Franzosen verwendeten – sie mussten ihre Möbel aus Kiefer herstellen. Um das weiche Holz zu schützen, wurde es mit den blassen, gedämpften Farben lackiert, die so typisch für diese Periode sind: kühles, pudriges Blau, Perlgrau, Strohgelb und, wie hier, gebrochenes Weiß.

links Der herrliche geschnitzte Holzspiegel stammt aus Frankreich und entstand etwa im Jahre 1800. Der weiße Anstrich ist originalgetreu. Das kleine Konsoltischchen unter dem Spiegel ist ein gustavinisches Exemplar aus Schweden, es besteht aus lackiertem Kiefernholz.

Die Diskrepanz zwischen dem alten Haus und der neuen Scheune wird durch die weißen Anstriche verwischt. Zunächst wurden die Wände in einem blassen Pastellgrau gestrichen, die Balken behielten ihre natürliche braune Farbe. Dann tupften die Besitzer eine dünne Schicht weißer Kalkfarbe auf Kalkbasis auf Wände und Balken, sodass die Oberflächen ihre charakteristischen Strukturen bewahrten, jedoch einen einheitlichen Farbton erhielten. Die Bodendielen aus Kiefer wurden mit einer finnischen Kalk-Wasser-Farbe behandelt, die dem Holz einen grauweißen Farbton gibt.

Das Foto auf dieser Seite wurde im Haupthaus aufgenommen. Die Stickerei auf dem gustavinischen Stuhl ist eine Originalhandarbeit, angefertigt von der Mutter des Hausbesitzers. Der Beistelltisch ist ein typisch gustavinisches Exemplar.

Antikes Weiß

vorige Seite Ein Blick in die Scheune. Der Tisch aus Stahl und Zink stammt von dem zeitgenössischen dänischen Kunsthandwerker Tage Andersen. Die Skulptur „Lachs" und einige kleinere Bronzen wurden von dem britischen Bildhauer Lawrence Edwards angefertigt. Die rätselhafte Metallleiter ins Nichts ist eine Installation des Hausbesitzers selbst.

Bad und Schlafzimmer liegen im Dachgeschoss des Haupthauses. Die Wanne selbst ist so aufgestellt, dass man beim Baden die Landschaft Suffolks betrachten kann – ohne selbst von Neugierigen aus der Landschaft beobachtet zu werden. Die Wanne ist in einen Kasten aus lackierten Kiefernpaneelen eingelassen. Die beiden Holzstangen dienen keineswegs nur als Dekoration. Es sind Haltegriffe, die für Sicherheit beim Schritt über die Stufe in die Wanne sorgen.

oben Die Accessoires sind einfach und natürlich, die Handtücher blütenweiß. Der blasse Perlgrau-Ton der Wände gibt diesem lichtdurchfluteten Raum eine frühlingshafte Frische.

rechts Der Badezimmerschrank, ein Parfümerie-Schrank aus dem frühen 19. Jahrhundert, ist stilecht mit einer Sammlung antiker Parfümflaschen und natürlicher Seifen gefüllt. Überall im Haus sind Bilder zu finden, sie lehnen sogar an den Wänden des Badezimmers.

Camphora
pulv
EAU
SAUVAGE

links Das maßgefertigte, 2,15 Meter lange Bett wurde von der Künstlerin Arabella Johnsen abgeschliffen und lackiert, damit es zum kühlen weißen Charakter ihres Bauernhauses aus dem 15. Jahrhundert passt.

rechts Eine pfiffige Badezimmergardine aus feinem Baumwollmusselin mit einfachen Taschen, von denen zwei mit Seesternen gefüllt sind. Ich liebe feine weiße Vorhänge vor den Fenstern. Sie machen das Fenster opak, lassen aber trotzdem reichlich Licht in den Raum. Die kleinen Zinkeimer sind eine hübsche und praktische Lösung, um allerlei Badezimmer-Kleinkram zu verwahren.

Ländlich schlafen

Strukturen sind der Schlüssel zum Erfolg eines weißen Interieurs, wie die Detailaufnahmen des französischen Schlafzimmers zeigen, das Sie bereits auf den vorigen beiden Seiten kennen gelernt haben.

Selbst in einem ganz leeren Raum gibt es schon viele Entscheidungen hinsichtlich der Strukturen zu fällen. Bevorzugen Sie einen weichen Teppich, blanke Dielen, schimmernden Stein oder glattes Synthetik auf dem Boden? Helle Holzfußböden sehen edel und modern aus, weiß gestrichene Dielen dagegen lässig und rustikal. Sisalgewebe ist angenehm neutral und natürlich. Marmorböden sind zwar kalt und teuer, aber sie sehen hinreißend aus. Hochglanzfarbe sieht eher hart aus, matte Farbe weich. Und Lasuren sind so sanft, dass sie warm und einladend wirken.

vorige Seite Der Blick in das ländliche französische Schlafzimmer zeigt einfach gekräuselte Musselinvorhänge, eine frisch gepolsterte, zierliche Bank, einen Frisiertisch und ein Bettgestell aus Eisen. Bettwäsche wird in großen Weidenkörben unter dem Bett aufbewahrt.

oben Ein Bettvorleger aus grob strukturierter Wolle macht die gestrichenen Kiefernholzdielen weicher. Selbst auf den hellen Lederpantoffeln und der gestärkten weißen Baumwolle setzt sich das Spiel der Strukturen fort. Keine Farben lenken von diesem Fest für den Tastsinn ab.

rechts Musselinvorhänge und eine Decke aus transparentem Baumwoll-Organdy über dem Frisiertisch geben dem Raum eine ätherische Leichtigkeit, fast als wäre hier mit purem Licht dekoriert worden. Einzig die Blumen sorgen für Farbe.

unten Dicke weiße Handtücher sind in einen großen Wäschekorb aus Weide gestapelt. Manchmal ist Wäsche so schön, dass es schade wäre, sie in einem Schrank zu verstecken.

rechts Noch ein Gemälde von Galley. Dies zeigt einen Bubikopf in einem weißen Keramiktopf. Alle ihre Blumenbilder aus dieser Serie haben weiße, strukturierte Rahmen.

links Ein wunderschöner gedrehter Lampenfuß aus Glas, die Reste einer alten chinesischen Puppe und eine einzelne Rose in einer Glasvase bilden ein kühles, beinahe surrealistisches Stillleben auf dem Marmortisch.

rechts Das Wohnzimmer im Londoner Haus des internationalen Friseurs Charles Worthington spiegelt die Einrichtung der übrigen Räume wider. Alle Polstermöbel sind mit weißem Stoff bezogen, das Holz ist hell und die Dekoration minimalistisch.

oben Wegen ihrer faszinierenden Formen und der Transparenz der Blüten sind Amaryllis die idealen Blüten für ein ganz in Weiß gehaltenes Interieur.

links Das hier und auf der gegenüber liegenden Seite vorgestellte Appartement gehört der weltbekannten Parfümeurin Jo Malone. Es ist unglaublich ruhig und erholsam, ein Refugium vor der hektischen Großstadt draußen vor der Tür. Und wie man es erwarten möchte, duftet es in diesem Raum auch herrlich.

rechts In Jos Wohnzimmer bekommt das weiße Interieur durch den hölzernen Spiegelrahmen, den Kamin aus cremefarbenem Marmor und den goldfarbenen Teppich Kontur. In dieser Wohnung fügen sich klassische Formen und ultramoderne Objekte harmonisch zusammen.

links Die bewusst minimalistische Farbpalette wird nur hier und da durch helles Naturholz aufgelockert. In diesem Raum, den Jo auch als Arbeitsplatz benutzt, ist sogar das Faxgerät weiß.

Badezimmer frühlings-frisch

kleines Foto Die Wände sind über und über bedeckt mit französischen Kohle- und Rötelzeichnungen aus dem 19. Jahrhundert. Ich habe sie in vergoldete Rahmen und den verschiedensten Formen und Größen setzen lassen, und sie harmonieren perfekt mit den neuen Farben.

rechts Mein neues Badezimmer: frühlingsfrisch und aufgeräumt. Die zurückhaltende Dekoration aus Bambus reicht für den Waschtisch mit Marmorplatte völlig aus.

Mein Badezimmer hat für mich eine besondere Bedeutung. Dort findet man wahrscheinlich mehr gerahmte Zeichnungen, Fotos meiner Enkel und kleine Lieblingsstücke als irgendwo sonst in der Wohnung. Doch trotz all dieser Kleinigkeiten ist es ein ruhiger und stiller Raum.

Durch die weichen Weiß- und Cremetöne, die ich durchgängig verwendet habe, herrscht in dem Raum eine friedliche Atmosphäre. Die antike französische Spitzengardine, die auf dem Foto auf der nächsten Seite zu sehen ist, wurde altersschwach, darum bekam sie einen ehrenvollen, geschützten Ruhesitz an einem weniger sonnigen Fenster.

Als ich an Andrew Martins Stoffgeschäft in der Londoner Walton Street vorbei ging, blieb mein Blick an einem Material hängen, das aus Bananenfasern gewebt und von Bambusstreifen durchzogen war. Das sollten meine neuen Badezimmer-Jalousien werden, und so musste mein Badezimmer über Nacht völlig umgekrempelt und im Zen-Stil gestaltet werden, damit es zu diesem Material passte. So wurden die Accessoires radikal reduziert, einige Bambuspflanzen hinzugestellt – und das Bad war verwandelt.

rechts So sah mein Badezimmer vor der Umgestaltung aus. Obwohl der Platz eigentlich gar nicht ausreichte, liebte ich den romantischen Krimskrams und die alten Spitzen – und natürlich die Erinnerungen, die an jedem Stück hängen. Die Wände haben noch immer einen gebrochenen Weißton, den die Effektfarben-Expertin Jo Minoprio speziell für mich angemischt hat. Von ihr stammen auch die Zierleisten in Creme und Gold, die so gut zu dem alten Waschtisch mit meiner Sammlung von Kristall- und Glas-Schnickschnack passen. An den anderen Wänden verschwinden unansehnliche Utensilien in Einbauschränken, deren Spiegeltüren das Farbthema in Creme und Gold auffangen. Dieser Raum widerlegt die Behauptung, weiße Räume seien kalt und steril.

rechts und unten rechts

Ich bewahre meine Sammlung von gläsernen Parfümflaschen und Karaffen nicht im Bad auf, weil ich sie mit Badeölen und Shampoos fülle, sondern weil sie einfach gut zum Gesamtbild des Raumes passen.

Sommer

Der Anfang des Sommers ist frisch, sauber, klar und kühl wie Eis. Auf der einen Seite ist er leicht wie gestärkte weiße Servietten auf glänzenden Oberflächen, die wie kühles Eis schimmern. Und auf der anderen ist er üppig wie bauchige Krüge voll dicker Sahne und große Platten mit Bergen von schmelzend leichten Baisers. Sommer, das sind dicke Sträuße von Wicken in Glasvasen, milchige Moskitonetze, die graziös über Betten schweben, breitkrempige Strohhüte und Hängematten aus dicker, gewebter Baumwolle, die zwischen blühenden Apfelbäumen hängen.

Die Weißtöne des Sommers schimmern wie Seide und glitzern wie jene Stoffe aus Indien, die mit kleinen, funkelnden und glitzernden Spiegelstücken bestickt sind. Tatsächlich sind die Spiele von Reflexen auf Glas ein wichtiges Element des Sommerlichts. Denken Sie an dicke Glasschüsseln, die bis zum Rand mit Nougatstücken oder weißen Zuckermandeln gefüllt sind, oder an Arme voll duftender weißer Rosen.

Die Texturen des Sommers reichen von glatt und fließend über weich bis rau, vom schimmernden Meer bis zum sandigen Strand. Im Badezimmer hängen jetzt Handtücher aus Waffelpikee und im Schlafzimmer sind die dicken Federbetten verstaut und gegen antike Leintücher mit eingestickten Monogrammen und leichte, gequiltete Überdecken ausgetauscht worden – gerade warm genug, um die Kühle der Nacht abzuhalten. Auf dem Fußboden sorgen Matten aus gebleichtem Sisal oder Jute für sandfarbene Helligkeit.

Der Esstisch ist mit duftiger weißer Baumwolle gedeckt, mit feinem weißen Porzellan und gläsernen Kerzenhaltern, und zu besonderen Anlässen können noch Blütenblätter darauf gestreut werden. Freie Flächen sind mit großen, dekorativen Muscheln geschmückt, vielleicht auch mit interessanten nützlichen Objekten wie einer Sammlung von Spulen von antiken Webstühlen oder einer Gruppe von Hutstumpen aus dem längst vergessenen Geschäft einer Putzmacherin. Kissen aus gechintzter Baumwolle machen die Sitzbereiche weicher. Wenn die Sommerabende kommen, schimmern elektrische Glühbirnen durch Schirme aus Pergament, Kerzen flackern in marokkanischen Laternen und auf dem Boden stehen alte Holzkohle-Handwärmer, die ihr Licht wie Sterne an die Decke werfen.

Für Farbakzente sorgen in der heißen Jahreszeit das kühle, intensive Grün des Sommerlaubs, das eisige Silber von Spiegelglas und das Türkisblau des Meers, das an den Strand unserer Träume brandet.

weiße Glut

Sommer Accessoires

Sonnenschein ist natürlich die wichtigste Zutat des Sommers. Dann möchten wir alle Türen und Fenster öffnen und das Innerste des Hauses nach außen kehren. Wenn wir hinausziehen auf die Höfe, Terrassen und Balkons, möchten wir die Behaglichkeit des Hauses mit nach draußen nehmen. Für mich steht das Gefühl, auf einem synthetischen Mikrofaserkissen in einem Plastikstuhl zu sitzen und aus einem Plastikbecher zu trinken in einem krassen Gegensatz zum Geist des Sommers. Ich bevorzuge Gartenmöbel, die das ganze Jahr über im Freien bleiben können – also Gusseisen oder Hartholz – und ich gebe mir mit der Gestaltung des Tisches im Freien ebenso viel Mühe wie mit der Einrichtung im Haus. Ich liebe es, frische Blumen in Glas- oder Porzellanvasen aufzustellen und das Essen in stabilem, weißem Geschirr zu servieren.

links Die Designerin Mimmi O'Connell hat alle Räume in diesem mallorquinischen Bauernhaus in Weiß gestaltet. So kommt die Farbe der einfachen Terrakottafliesen auf den Fußböden perfekt zur Geltung. In diesem kleinen Bad wird die Schlichtheit durch die weiß gekalkten Wände und die rustikale, gestrichene Tür noch betont.

oben und links Stoffe aus Naturfasern sehen in Weiß fantastisch aus, ganz gleich, ob sie strahlend hell gebleicht oder in ihren sanften Naturtönen belassen werden.

Kühles Sommer leinen

Jedes Jahr tauchen in der Mode wie auch im Wohndesign mehr Stoffe aus Leinen auf. Ich finde die Renaissance, die dieser Stoff in den letzten zehn Jahren erlebt hat, schon erstaunlich. Nicht nur, weil sich im Zeitalter der Synthetiks eine Naturfaser so nachhaltig durchsetzt, sondern auch, weil dieser Stoff selbst bei bester Pflege immer etwas knitterig aussieht. Aber Leinen fällt sehr schön, und kein Stoff kommt ihm in Aussehen oder Griff nahe. Auf der Haut ist Leinen der reine Luxus: es ist ein unvergleichliches Gefühl, zwischen frisch gewaschene und gebügelte Leintücher zu schlüpfen.

unten Die herrliche, leicht raue Struktur des Leinens wird durch das handgestickte Monogramm zart betont. Wegen seines Gewichts und des schönen Falls eignet sich dieser Stoff perfekt für Vorhänge.

oben Mit gefällt Leinen am besten in seinen natürlichen Farbtönen vom gebrochenen Weiß bis zum Ecru. Hier betonen einfache Hohlsaumborten seine kühle Schönheit.

rechts Ich sammle alte französische Leintücher, wo immer ich kann, und verwende sie als Vorhänge, Kissenbezüge und für viele andere Zwecke. Ob ganz schlicht oder handbestickt: sie eignen sich auch als edle Tischdecken oder für die sinnlichste Bettwäsche, die man sich nur denken kann.

Sommer blüten

Unter all den Blumen, die der Sommer zu bieten hat, habe ich seit jeher eine Schwäche für Rosen. Weil es im Sommer so wichtig ist, die Düfte des Gartens nach drinnen zu holen, fülle ich das Haus mit Blüten. Ein großer Arm voll Blumen dient als Blickfang, außerdem werden viele kleine Sträuße überall verteilt.

unten Rosen aus dem Garten sind oft nicht ganz perfekt, doch sie haben einen wundervollen Duft. Kommerzielle Züchter legen Wert auf einheitliche Blüten und gerade Stiele, doch der Duft bleibt meist auf der Strecke.

Meine vermeintliche Lässigkeit beim Arrangieren der Blumen hat durchaus Methode. Ich wähle auch die Blumen sorgfältig aus – beispielsweise ausschließlich weiße Rosen – um das Bild zu komponieren, das ich geplant habe.

oben Diese faszinierende mundgeblasene Glasvase ist eine Tischdekoration aus viktorianischer Zeit, *épergne* genannt. Im Grunde ist es ein Turm von flötenförmigen Einzelvasen. Der Londoner Florist Rob Honey hat darin weiße Edelrosen und Gräser arrangiert.

rechts Im Gegensatz zu dem kunstvollen Arrangement oben ist dieses schlicht und einfach: eine moderne quadratische Glasvase mit nur wenigen kurzstieligen Blüten.

Sommer Menü

Baisers – das ist für mich Sommer. Ich liebe den Geschmack, aber ebenso den Anblick. Baisers haben so viele Schattierungen von Weiß: von den goldenen klebrigen Fleckchen an der Unterseite über die weiß glitzernde Oberfläche bis zum cremigen Inneren.

Um diese Jahreszeit sollte man Feste unbedingt im Freien feiern. Die Natur bietet ein Feuerwerk an Farben. Stellen Sie sich einmal die optische Wirkung eines ganz in Weiß gedeckten Tisches mit einem Hauch Grün vor, oder ein „weißes Picknick" auf einer saftigen Blumenwiese. Dazu gehört unbedingt eine duftige weiße Tischdecke und vielleicht – als Konzession an die Wegwerfgesellschaft – ein Hand voll dicker weißer Papierservietten. Die Gäste sitzen im Kreis auf dünnen Baumwollmatten oder auf gemusterten Decken und Kissen in blassen Farben. Gäste am Esstisch können natürlich den Luxus gepolsterter Gartenstühle genießen. Zwischen dem Funkeln von Glas und Tafelsilber wird das Essen auf schlichten weißen Tellern serviert. Als Hors d'oeuvre würde ich eine helle Vichissoise-Suppe servieren, gut gekühlt aus einer weißen Isolierschüssel und bestreut mit frischem Schnittlauch. Als Hauptgang schlage ich pochiertes Huhn vor, in großzügige Portionen geschnitten und mit einen frischen grünen Salat und knusprigem Baguette serviert.

Weil Auge und Gaumen aber auch etwas Abwechslung brauchen, würde ich dazu einen Salat aus gebackener gelber Paprika reichen, der ausgezeichnet zu Geflügel passt und obendrein herrlich aussieht. Als Dessert gibt es einen Berg schneeweißer Baisers, dazu einen Krug dickflüssiger Sahne und eine Schale mit Erdbeeren, die in dem einfarbigen Farbschema einen angenehmen visuellen Schock produzieren.

Ich hatte mir vorgenommen, mir für das Kapitel „Essen im Sommer" etwas Besonderes zu überlegen. Ich suchte nach einer neuen Art, dem Sommerweiß Ausdruck zu geben,

links Die Sushi sind auf einer niedrigen Ledertruhe arrangiert, sodass man, wie bei einem authentischen asiatischen Festessen, auf dem Boden sitzt. Ich habe quadratische weiße Teller und quadratische Bastmatten kombiniert. Die edlen silbernen Essstäbchen sind ein Geburtstagsgeschenk meiner Tochter Kelly.

links und unten In einem durchgehend weißen Arrangement spielen Details und Strukturen, die sich mit dem Lichteinfall verändern, die Hauptrolle. Hier sorgt ein Tischtuch aus geripptem Stoff für markante Struktur. Achten Sie auf die feinen Unterschiede zwischen den schimmernden Salz- und Pfeffermühlen, den hübsch geriffelten Schalen und den matten Essstäbchen.

vorige Seite Nina Campbells prächtiger Sommertisch. Die quadratischen Glasteller in verschiedenen Größen stammen aus den 1920er Jahren, die Trinkgläser aus den 1930ern. Alle gehören zu Ninas persönlicher Sammlung, wie auch die venezianischen Bestecke und die Salznäpfe aus Glas. Nina hat einzelne weiße Rosen in winzige Vasen gestellt und den Tisch mit Blütenblättern von Rosen bestreut – himmlisch.

und meine gute Freundin, die englische Innenarchitektin Nina Campbell hatte dazu eine ihrer großartigen, fantasievollen und zeitgemäßen Ideen. Den perfekte Rahmen für Ninas funkelndes Sommerdiner bildet eine verspiegelte Tischplatte.

Als Kontrast dazu wählte ich ein schlichtes Menü aus Sushi. Ich liebe die Leichtigkeit der Bastmatten und die grafische Ästhetik der Sushi.

links Weißes Geschirr gibt es in unendlich vielen verschiedenen Varianten, vom robusten Hotelporzellan bis zum feinstem Limoges. Es lohnt sich, beim Kauf auf die Glasur zu achten: manche weißen Teller wirken ein bisschen tot, und es isst sich auch nicht so angenehm von ihnen. Damit ein weißer Teller Charakter hat, muss er unter der Glasur ein unterschwelliges Glitzern haben.

links und rechts

Rustikales, schlichtes Geschirr sieht mit seinen derben Rundungen und seiner robusten Griffigkeit in Weiß wunderschön aus. Ich liebe aber auch Porzellan, das so dünn wie Eierschale ist. Es kommt immer auf die Stimmung und den Anlass an.

links Glas ist das neutrale Element auf einem weißen Tisch. Es soll für Glanz und Glitzern sorgen, ohne vom Farbschema abzulenken. Es gibt eine große Auswahl an edlen Glasartikeln. Abgesehen von den üblichen Glasgefäßen kann man auch schöne Pfeffermühlen, Teegläser und sogar Teekannen aus Glas finden.

Sommer Interieurs

Das Ziel bei der Auswahl der hier gezeigten Sommer-Interieurs war, Räume zu finden, die viel Sonnenlicht vertragen oder die reflektierende Eigenschaften besitzen – Räume also, die möglichst viel aus dem Sonnenlicht machen.

Nur wenige Räume sehen zu allen Jahreszeiten gleich schön aus, ganz ohne kleine Veränderungen an den Vorhängen oder Möbelbezügen. Wir müssen fast alle das ganze Jahr über mit der gleichen Wohnung vorlieb nehmen, doch es gibt ein paar Tricks, um den Wechsel der Jahreszeiten nachzuvollziehen. Helles Licht und Weiß bringen den Sommer zum Leuchten. Jetzt wird es Zeit, die schweren Wintervorhänge abzunehmen und nur eine dünne Wolke aus Musselin oder eine weiße, schattierende Jalousie aufzuhängen.

Dicke Teppiche können durch helle Juteläufer oder weiße Baumwoll-Dhurries ersetzt werden. Ein Sommersortiment an Kissenbezügen und Decken verwandelt die Sitzecke im Handumdrehen. Nehmen Sie noch einige Bilder ab und ersetzen Sie sie durch Spiegel, und das Licht wird durch den Raum springen und ihm einen neuen Charakter geben.

Ein duftiger weißer Bettbezug verwandelt ein einfaches Schlafzimmer in einen schwelgerischen Sommergenuss. Auch Badezimmer sind leicht zu verwandeln: wechseln Sie einfach die Handtücher, räumen Sie den Krimskrams beiseite und leisten Sie sich einige schicke, schimmernde Accessoires. Der Essbereich gewinnt, wenn Sie die Sitzkissen auswechseln und eine helle Tischdecke auflegen. Eine Tischplatte ist eine große Fläche, und wenn Sie optisch aufgehellt wird, verändert sich im Handumdrehen der Charakter des ganzen Raumes.

links Eine Pergola, aus Kastanienholzbalken von dem Designer Anthony Collett konstruiert, steht oberhalb des Swimmingpools im terrassierten Olivenwäldchen auf seinem Anwesen in der Toskana.

Sommer Küche

Dies ist die Küche in der ebenso schicken wie funktionalen Londoner Wohnung der Innenarchitektin Louise Bradley. Die Küche ist klein, doch sie hat so viel Charakter wie ein Raum sechsfacher Größe. Die sommerliche Atmosphäre wird durch das Licht verstärkt, das durch die französischen Fenster flutet. Im Winter kann man kalte Zugluft und den Blick auf den kahlen Garten kurzerhand durch einfache Vorhänge an abnehmbaren Stangen aussperren. Zu anderen Jahreszeiten werden die französischen Fenster beim kleinsten Sonnenstrahl weit geöffnet.

Vor der Küche liegt ein kleiner Balkon, und Tisch und Stühle sind leicht genug, um kurz entschlossen für ein Frühstück oder ein Abendessen an der frischen Luft nach draußen getragen zu werden.

kleines Foto Eine Ecke in Louise Bradleys Küche. Der kleine runde Hartholztisch hat mit den Jahren eine schöne, silbrige Patina angenommen, ähnlich wie der Teakbelag des Balkons. Silbrige Grautöne setzen im Sommer edle, kühle Farbakzente.

großes Foto Cremefarbene Vorratsbehälter reihen sich auf einem Regal in Louise Bradleys Küche. Unterschätzen Sie nicht Wirkung von glänzenden Oberflächen, die das Licht im Raum reflektieren. Es ist gar nicht notwendig, dafür dauerhafte Lösungen wie Hochglanz-Wandfarbe, Spiegel oder Glaspaneele zu wählen.

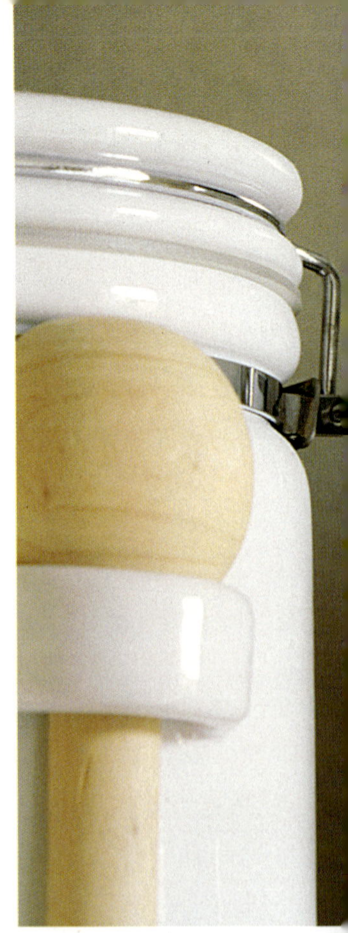

Studio in Weiß

links Eine Ecke in John Carters Studio. Aus weißen Keramikvasen sprießen Tuffs von Bärengras, darüber hängt ein Gemälde von James Maconochie.

unten Handgefertigte Pflanzkübel aus Gips stapeln sich auf der Werkbank. Wäre das Ensemble signiert, könnte man es für eine Skulpturen-Installation halten.

In dem stillen, weißen Ambiente seines Studios in Chelsea entwickelt der begabte Florist John Carter seine innovativen, skulpturalen und absolut einzigartigen Kreationen aus Kübeln, Pflanzkästen und Vasen. John kann selbst eine Hand voll Gras in ein atemberaubendes Arrangement verwandeln.

Der Raum ist ungewöhnlich, und das fast kahle, erwartungsvoll wirkende Weiß regt die Kreativität an. Lediglich an einer weißen Wand hängt ein großes weißes Strukturgemälde des britischen Künstlers James Maconochie.

Durch sein sicheres Gespür für das subtile Zusammenspiel von Strukturen und Formen hat sich John Carter einen Namen als Florist gemacht. Er sammelt und fertigt Vasen und Pflanzgefäße, die meist – was sollte man anderes erwarten – weiß sind. Es gibt einfach keinen besseren Hintergrund für Pflanzen.

Designer Weiß

Das ist das Appartement meiner Tochter Kelly im Londoner Stadtteil Chelsea. Ursprünglich war es das Atelier eines Malers. Durch die großen Nordfenster fällt reichlich Licht, doch wird der Raum im Sommer nicht zu heiß. Die ursprünglichen Dielen aus Kiefernholz wurden gewachst. Holzfußböden und weiße Wände sind ein idealer Nährboden für die Kreativität eines Designers.

links Kellys Schreibtisch ist ein kunstvoll geschnitztes indisches Möbel, das um die Wende zum 20. Jahrhundert entstand. Zum Sitzen dient ein einfacher Esszimmer-Stuhl mit einer Husse aus Leinen.

rechts Die Polster und Rollen auf der Bank unter dem Fenster sind mit Köper bezogen. Streifen aus grobem Sackleinen sind um die Rollen gelegt und hängen locker herab, sodass sie jederzeit wieder weggenommen werden können. Auf der Fensterbank stehen Lorbeerbäumchen in Übertöpfen aus verzinktem Eisen Spalier. Der ungewöhnliche Lampenfuß auf dem Ecktisch besteht aus gebeiztem Holz.

Weißes Licht

links Die zauberhafte handgefertigte Faltjalousie aus Leinen von dem englischen Designer Stuart Hands besteht aus dünnem, gestärktem Leinen. Sie fängt das Sonnenlicht ein und wickelt es ein wie ein Geschenk.

Allzu viel Sonnenlicht kann grell und unangenehm heiß sein, darum brauchen Südfenster im Sommer Jalousien oder Vorhänge, die man tagsüber zuziehen kann, um die gleißende Hitze auszusperren. Trotzdem soll natürlich reichlich Licht in den Raum fallen. Dünne, fließende Stoffe sehen herrlich aus, wenn sie sich im leichten Wind bauschen, doch sie leiden schnell durch direkte Sonnenbestrahlung. Im Grunde schadet grelles Sonnenlicht allen Naturfasern.

Meine Lösung besteht nun keineswegs darin, mich in Dunkelheit zurückzuziehen. Ich verwende für Vorhänge einfache Baumwollstoffe, Köper oder Musselin, die preiswert genug sind, dass es das Budget nicht sprengt, wenn sie nach einigen Jahren ersetzt werden müssen.

links Diese ruhige Ecke in der Londoner Wohnung der Innenarchitektin Jenny Phillips wird durch den leichten Baumwollvorhang vor der Sonne geschützt. Der Bezug des antiken Stuhls besteht aus weicher Baumwolle.

links Eine Sammlung von Nautilus-Schnecken auf der Marmorfensterbank eines von Jenny Phillips entworfenen Badezimmers zeigt, wie faszinierend Wiederholungen wirken können – vor allem, wenn sie so schlicht wie hier gehalten sind.

Weißes Bad

links Der polierte Zahnarzt-Schrank steht vor einer Wand aus ungestrichenem, poliertem Verputz. Die weiße Orchidee wächst in einer runden Glasvase, die mit Pflanzsubstrat und Moos gefüllt ist. Sie ist eine schöne Abwechslung zu den Farnen und Grünlilien, die üblicherweise die Badezimmer bevölkern.

unten Die großen Stücke handgefertigter Seife haben exakt die gleiche Farbe wie der marmorne Waschtisch, doch ihre Textur ist völlig anders. Die runde Rasierseife mit dem dekorativen, geprägten Schriftzug sieht so schön aus, dass es fast schade wäre, sie zu benutzen.

In dem edlen Badezimmer der britischen Innenarchitektin Jenny Phillips kommt eine interessante Sammlung von Weiß- und Naturtönen zusammen, von der warmen Farbe des polierten Wandputzes über die ungewöhnlich großen hell beigefarbenen Fliesen in der Dusche bis zum cremeweißen Marmor-Doppelwaschtisch.

Den Badezimmerschrank, der eigentlich ein Zahnarzt-Schrank aus den 1920er Jahren ist, sieht man im Spiegel über dem Waschbecken. Üblicherweise waren diese Schränke lackiert, doch dieser wurde sorgfältig abgebeizt und poliert. Jetzt dient er zum Aufbewahren frischer, weißer Handtücher.

Als Kontrast zu dem Beige der verputzen Wände, die auf den vorherigen Seiten zu sehen sind, wurden die Holzelemente in einem sanften gebrochenen Weiß lackiert. Am Fenster scheint eine leichte, ganz schlichte Raffjalousie in der Luft zu schweben. Sie besteht aus ungefüttertem, elfenbeinfarbenem Seidenorganza mit einer Einfassung aus Dupion-Seide und ist ebenfalls ein Werk des talentierten Textildesigners Stuart Hands. Der Besitzer dieser Wohnung hat gleich mehrere dieser Jalousien in Auftrag gegeben, weil ihm bewusst ist, dass sie nach zwei bis drei Jahren intensiver Sonnenbestrahlung zu zerfallen beginnen. Doch bis dahin sehen sie einfach atemberaubend schön aus.

Das Badezimmer ist sehr groß, es enthält sogar einen Kamin. Vor der Feueröffnung steht ein schimmernder Handtuchständer, der dem Raum Glamour verleiht. Der Ständer ist ein Designer-Einzelstück, das in den 1940er Jahren in den USA entstand.

rechts Dicke Handtücher aus Waffelpikee hängen auf dem Handtuchständer aus den 1940er Jahren. Er besteht aus dem Material Lucite, das man heute Perspex oder Plexiglas nennt.

rechts Stuart Hands zarte Jalousie verdeckt den Blick auf eine langweilige Mauer. Dieses Bad mit seiner Kombination aus Stoff, Marmor, Verputz und Farbe ist ein Lehrstück zum Thema Einrichten mit Weiß in allen Schattierungen.

Herbst

Auch wenn die ersten Nebel fallen und die Blätter rostrote Ränder bekommen, kann ein weißes Interieur sehr warm und einladend wirken. Denken Sie nur an das sanfte, elfenbeinfarbene Leuchten einer Bienenwachskerze, einen verführerischen Berg gerösteter Marshmallows, eine wundervoll dicke Decke aus cremefarbener Chenille oder eine Vase voll prächtiger Amaryllisblüten, deren Duft den Raum füllt.

Dies ist die Jahreszeit für die sanften, warmen Weißtöne und die dicken, flauschigen Texturen, für Quilts und Fransen. Musselin, gestärkte Baumwolle und feines Leinen machen jetzt Platz für fülligere gewebte Stoffe in allen Schattierungen von Weiß – vom satten Cremeton bis zum papierhellen Weiß eines gebleichten Birkenstammes. Die Stoffe sind weich und dekorativ strukturiert, etwa weiße Krüwell-Stickerei, bei der Muster mit weißer Wolle auf dickes Baumwollgewebe gestickt werden.

Um die reflektierenden Eigenschaften zu vermindern, die so typische Merkmale der Frühlings- und Sommerstimmung sind, gebe ich schlichten Stoffen ein dreidimensionales Aussehen, indem ich sie drehe, knote oder raffe. Für Dekorationen im Herbst schwöre ich auf Objekte mit abgewetztem Anstrich, auf dickes handgeschöpftes Papier, alte Rindslederkoffer, alte Lockenten – eben lauter Dinge mit verwitterter Oberfläche und interessanten Formen.

Heute kann man quasi rund ums Jahr alle Arten von Blumen kaufen, wenn man bereit ist, ihren Preis zu bezahlen. Ich wechsle jedoch gern die Früchte und Blüten mit den Jahreszeiten. Für mich gehört zum Herbst die Erinnerung an die Erntezeit, vielleicht in Form eines Arrangements aus weißen Patisson-Kürbissen, weißschaligen Auberginen oder verblichenen Samenständen. Als Tischdekoration verwende ich gern getrocknete oder dauerhafte Materialien, etwa Islandmoos, Heidekraut und weiß panaschierten Efeu, die papierdünnen Samenstände der Mondviole und getrocknete weiße Hortensien. Eine Vase mit voll erblühten späten Rosen kann ebenfalls ein schöner letzter Tribut an die ausklingende Wachstumszeit und den Beginn der langen, dunklen und gemütlichen Abende sein.

Die Akzentfarben des Herbstes sind die Rostrot-Töne der fallenden Blätter und der herbstlichen Beeren. Die Kombination von Weiß und Gold sieht großartig aus, und um das Leuchten des Herbstes zu verstärken eignen sich helle Hölzer, naturbelassene Weide, polierte Bodendielen sowie natürlich das Flackern eines offenen Feuers.

weißes Gold

Herbst Accessoires

Die Weißtöne, die ich für dieses Kapitel gewählt habe, tendieren weitgehend zu Creme und Beige hin. Alle Dekorationsobjekte stammen aus dem Antiquitätengeschäft Guinevere in der Londoner King's Road. In diesem Kapitel werden Sie deutlich mehr dekorative Kleinigkeiten finden, denn ich muss gestehen, dass mein Sammlertrieb zunimmt, wenn die Abende länger werden.

Ich halte es für eine gute Idee, die Blickfänge und Dekorationen in einem Raum regelmäßig zu verändern. Das bedeutet aber nicht, alles wegzuwerfen und alle paar Monate bei Null zu beginnen. Es ist eher eine Frage geschickten Recyclings. Ich meine, dass man sich auch an die schönsten Dinge allzu sehr gewöhnen kann. Stellt man solche Lieblingsstücke jedoch für eine Weile beiseite, kann man sie umso mehr schätzen, wenn sie wieder hervorgeholt werden.

oben Zwei seltene Sammlungen: Die Auktionatoren-Hämmerchen aus Elfenbein stammen aus dem 19. Jahrhundert, die interessant gestreiften Griffe der Messer sind aus antiken Mammut-Stoßzähnen hergestellt.

rechts Viktorianisches Silber- und Perlmuttbesteck sieht in einer eleganten Elfenbeinvase zauberhaft aus.

nächste Seite Diese antiken Pfeffermühlen aus Elfenbein und Porzellan, teilweise mit Silberbändern verziert, stammen aus den Jahren 1900 bis 1920.

Fleury
Stor. Eccles.
T. I.
A.A. 170.
Fleury
Stor. Eccles.
T. XXVI.
1204=1224
Fleury
T. XLVI.
1535=1538

Fleury
Stor. Eccles
Fleury
Stor. Eccles
T. LX
Fleury
Stor. Eccles
T. LV
1563
Fleury
Stor. Eccles
T XXIV
1154-1176
Fleury
Stor. Eccles
T. XIII
640-678

Behagliche Texturen

links und kleines Foto Der Vorhang, die passenden Jalousien und der Bettüberwurf bestehen aus handbestickter Baumwolle.

vorige Seite Bücher mit hellem Vellum-Einband sind wegen ihrer Farbe und Textur bei Sammlern und Inneneinrichtern gleichermaßen beliebt. Die Bücher selbst – ernsthafte Werke über Religion, Astronomie oder Naturwissenschaften aus dem 17. bis 19. Jahrhundert – sind kaum noch lesbar. Hier sind sie im Wechsel mit weißen und cremefarbenen Dekorationsobjekten auf den Regalen arrangiert. Der Kelch auf der rechten Seite stammt aus dem 19. Jahrhundert, er besteht aus Elfenbein und Porzellan.

Vergessen wir das gestärkte Leinen und die schlichte, fließende Baumwolle des Sommers. Der Herbst ist eine Zeit, um sich an den fülligen Texturen von Quilts, Stickereien, Quasten und Fransen zu erfreuen. Auf der gegenüberliegenden Seite können Sie die herrlich griffigen Qualitäten einiger wunderbarer, handbestickter Stoffe aus dem Londoner Stoffgeschäft Chelsea Textiles bewundern.

Es ist in unserer Welt der Massenfertigung eine besondere Freude, handgefertigte Produkte zu finden. Ich habe einmal zugesehen, wie solche Stoffe in Indien hergestellt werden, und es war einfach faszinierend. Die Sticker – alles Männer – saßen mit gekreuzten Beinen in einer hellen, luftigen „Fabrik" und stickten Muster, die vom „Meister" direkt auf dem Stoff vorgezeichnet wurden. Jedes Mal, wenn ich diese Stoffe sehen, erinnere ich mich an die vergnügten und geschickten Männer und den Anblick ihrer atemberaubend schnellen Nadeln.

Ein Vorteil beim Aussuchen von Stoffen aus der Palette der Weißtöne ist, dass alle Nuancen zueinander passen, ob es nun hauchfeiner französischer Voile oder eine robuste Wolldecke aus Südamerika ist.

unten Einfach entzückend: Babyschuhe aus weißem Leder auf einem Treppenläufer aus Sisal.

oben Aus winzigen Glasperlen lassen sich hübsche Fransen für eine weiße Decke fädeln. Verwenden Sie aber stabile, glatte und runde Perlen. Feinere Perlen oder längere Fransen verursachen leicht Schrammen und Kratzer. Kleine Pompons aus weicher Wolle sehen als Borte an fülligen Kissen schön aus.

rechts Fransen, Strickstoffe und feine Fältchen sind ideale Materialien, um Polstermöbel im Herbst gemütlich und schick herzurichten. Ich mag besonders gern handgestrickte Kissenbezüge, die ebenso gemütlich sind wie ein uralter Lieblingspullover.

Herbst Genuss

An klaren Herbsttagen, an denen schon der erste Frost in der Luft zu spüren ist, wird man kaum weiße Speisen erwarten. Doch es gibt eine Reihe von interessanten Früchten und Gemüsen, die man als Tischdekoration verwenden oder zu einem Stillleben arrangieren kann. Ich benutze gern Gemüse als Dekoration. Sie sehen oft interessanter aus als Früchte, Blüten oder Pflanzen.

Die skurrilen Gemüse auf der gegenüberliegenden Seite sind weiße Patisson-Kürbisse, auch als Ufo-Kürbisse oder Markkürbisse bekannt. Am besten schmecken sie, wenn sie reif, aber noch klein sind. Abgesehen von ihrem Geschmack finde ich aber auch die Form faszinierend. Sie erinnern mich an kleine Törtchen, die ein exzentrischer Künstler aus Porzellan hergestellt hat, und jeder Kürbis hat seinen ganz eigenen Charakter.

Zu den weißen Speisen der Saison zählt weicher, cremiger Brie oder Camembert mit gelb schmelzendem Inneren, aber auch saftige Winterbeeren, nach Wald duftende Pilze oder federleichte Kuchen, mit Puderzucker bestäubt und noch ofenwarm. Selbst ein bodenständiger Auflauf mit einer lockeren Decke aus Kartoffelbrei, ein selbst gebackenes Brot oder eine klassische englische Pie mit einem Deckel aus lockerem Blätterteig geben einem traditionell weiß in weiß gedeckten Tisch an einem regnerischen Herbstnachmittag gastliche Wärme.

links Viele Herbstgemüse sind ausgesprochen dekorativ. Solche weißen Patisson-Kürbisse eignen sich beispielsweise hervorragend als Alternative zu Blumen für eine herbstliche Tischdekoration.

diese Seite Weiße Johannisbeeren, die Perlen unter den Früchten, hier in einer großen, handgefertigten Glasschale des britischen Künstlers Anthony Stern. Weiße Johannisbeeren schmecken nicht sehr intensiv, doch sie eignen sich ausgezeichnet als Dekoration für einen herbstlich gedeckten Tisch.

nächste Seite links Nicht nur essbar, sondern einfach köstlich ist ein gut ausgereifter Camembert. Hier wird er stilvoll auf seinem weißen Original-Pergamentpapier serviert.

nächste Seite rechts Eine Schale voll kleiner, weißer Champignons ist die kulinarische Variante zu einer Sammlung glatt geschliffener Kieselsteine.

links Essen und Trinken sind normalerweise so farbenprächtig, dass man sie auf einem schlichten, weißen Hintergrund am besten genießen kann. Hier kann man einen köstlichen Tee in einer gläsernen Teekanne bewundern. Edles weißes Porzellan kommt nie aus der Mode.

rechts und unten Ein Sideboard mit einer Platte aus Marmor sieht hinreißend aus. Hier haben wir darauf einfache, originelle Küchen-accessoires arrangiert: einen schönen Porzellanmörser mit passendem Stößel und zwei schöne Flaschen für Essig und Öl. Die Gießer mit Korkstopfen sind unglaublich praktisch. Ich kaufe sie gleich dutzend-weise an französischen Marktständen, wo sie fast nichts kosten.

Herbstliche Feste

Rita Konig, die Tochter der britischen Innenarchitektin und meiner Freundin Nina Campbell, hat diesen wunderschönen Tisch in ihrer Londoner Wohnung gedeckt, um mit amerikanischen Freunden Thanksgiving zu feiern. Das Arrangement in Weiß aller Schattierungen, akzentuiert mit Gold, ist völlig anders als die klassischen herbstlichen Rostrot-Töne. Und doch wirkt der Tisch warm und einladend – ganz im Sinne des Erntedankfestes.

Als Mitteldekoration dient ein vergoldeter Rokoko-Leuchter, an dem Rispen weißer Johannisbeeren wie kleine Perlenketten hängen. Er ist umringt von weißen Rosen und üppigem Grün. Die Gedecke sind mit einem Kranz aus weißen Johannisbeeren und weißen Patisson-Kürbissen dekoriert.

links Die Mitteldekoration aus Blumen ist um einen vergoldeten Kandelaber herum aufgebaut. Die Blumen wurden von Rob Honey arrangiert, einem der besten Londoner Floristen.

rechts Die Tischdecke ist in Wirklichkeit eine weiße, gequiltete Tagesdecke, die ich in Nina Campbells Geschäft in der Londoner Walton Street entdeckt habe. Quilts eignen sich wunderbar als Decken für runde Tische. Auch das Bambusbesteck stammt aus Ninas Geschäft, ebenso die hübschen gefalteten Servietten von Ann Gish.

links Weiße Johannisbeeren hängen über den Rand eines kleinen, weißen Porzellantöpfchens.

rechts Die eleganten Gläser und die weißen Teller stammen aus den Londoner Geschäften von John Jenkins und Thomas Goode. Ich finde, gutes Essen sieht besonders schön aus, wenn es auf großen, schlicht weißen Tellern serviert wird.

Herbst Interieurs

Jetzt beginnt die Jahreszeit, in der wir uns zurückziehen. Die Abende werden länger, wir ziehen die Vorhänge zu und verschließen die Türen vor der herankriechenden Dunkelheit. Wir wollen, dass unser herbstliches Interieur glitzert und uns von außen her wärmt. Es ist die Jahreszeit, in der wir uns mit der Behaglichkeit schöner Dinge und angenehmer Wärme umgeben. Das Spektrum der Weißtöne kann all das leisten, und noch mehr: mit strukturierten Stoffen, glitzernden Oberflächen und eleganter Gemütlichkeit.

Ich finde, das Wohnzimmer von Louise Bradley, das ich Ihnen hier vorstellen möchte, ist der Inbegriff von faszinierendem Weiß. Louise Bradley ist eine bekannte und sehr begabte Innenarchitektin, in deren Geschäft gleich neben meiner Galerie in der Londoner Walton Street immer besondere Schätze zu finden sind. Ich habe lange Zeit ihre wechselnden Fensterdekorationen bewundert, die zeigen, wie wundervoll Weiß- und Cremetöne in immer neuen Varianten mit Gold, Silber und Glas kombiniert werden können. In ihrem Geschäft finde ich immer Dinge, die ich unbedingt haben muss. Und so war ich natürlich begeistert, dass sie uns erlaubte, durch ihre Privatwohnung zu stapfen und Fotos für dieses Buch zu machen.

Louise besitzt eine kleine Stadtwohnung. Sie ist friedlich, ruhig und sehr praktisch eingerichtet. Alles hat seinen Platz. Es ist ein Refugium, in dem man sich ruhig, beschützt und geborgen fühlt – und das mitten in London. Es ist ihr gelungen, auf kleinem Raum ein Gefühl der Weite und Wärme zu schaffen, indem sie eine Mischung von luxuriösen Texturen verwendet hat, von Spiegeln aus venezianischem Glas bis zu Fell, Samt und Seide.

links Die Polstermöbel in Louise Bradleys Wohnzimmer sind eine exzentrische Mischung aus cremefarbenen Stoffen mit unterschiedlichsten Texturen. Der Raum ist mit weißen und gläsernen Objekten dekoriert, darunter Spiegel und Laternen aus venezianischem Glas und Kugeln aus cremefarbener Fischhaut. Ein steinerner Löwe, ein Kristall-Kronleuchter und cremefarbene Urnen setzen den eleganten Stil fort.

Louise Bradleys kleines Wohnzimmer wirkt durch die einheitlich weiße Gestaltung größer als es ist. Obwohl es angefüllt ist mit prächtigen Möbelstücken, wirkt es keineswegs vollgestopft oder beengt. Der niedrige Glastisch ist eine ideale Lösung für den kleinen Raum. Er nimmt optisch keinen Platz ein, und doch kann man etwas darauf abstellen.

rechts Zwei antike Laternen aus Glas und Metall und ein altes, in Vellum gebundenes Buch bilden die Dekoration des Kaminsims.

links Hell und luftig wirkt auch Louises Arbeitsplatz. Der Tisch ist ein ehemaliger Fleischerei-Tresen aus Kalkstein, der Stuhl ist eine antike Kuriosität aus den Hörnern verschiedener Tiere.

rechts Diese Löffel aus Perlmutt und Silber stammen aus Louises Geschäft. Ich verwende sie gern für edel gedeckte Tische, weil schon ein Hauch ihrer transparenten Schönheit jeden Tisch luxuriös erscheinen lässt.

Frostige Schönheit

rechts Eine Auswahl antiker, weiß gekalkter Möbel umgibt eine Gipssäule mit einer Marmorbüste. Das Großartige an Weiß ist, dass es an keine Epoche oder Stilrichtung gebunden ist, sodass antike und moderne Stücke problemlos nebeneinander stehen können.

Der kristalline Schimmer von frostigem Weiß auf den dekorativen Metallblättern (rechts im Bild) vermittelt mir das Gefühl, als sei in diesem Bereich von Louise Bradleys Geschäft die Zeit einfach eingefroren. Das klarere Weiß der Büste und des Eisenstuhls ziehen das Ensemble optisch zusammen und schafft eine Atmosphäre, die ans Märchenhafte grenzt. Marmor, weiß gekalktes Holz und lackiertes Eisen auf dem blassen Steinfußboden zaubern ein sanftes Zusammenspiel von Weißtönen und Texturen unbeschreiblicher Schönheit.

rechts Edle antike Möbelstücke auf cremefarbenem Steinfußboden in Louise Bradleys Geschäft in der Londoner Walton Street.

Weiß und behaglich

Was tut man mit einem ländlichen, weißen Schlafzimmer, wenn der Sommer vorüber ist? Auch hier liegt der Schlüssel in den Texturen. Dieses Schlafzimmer haben Sie schon auf den Seiten 36–39 in seinem Frühlingskleid kennen gelernt. Vom Ende des Sommers kündet eine wunderschöne bestickte Tagesdecke mit Fransen, die aus dem Londoner Stoffgeschäft Chelsea Textiles stammt. Dazu passen die weißen bestickten Vorhänge und der Volant.

Auf der schlichten Holzbank am Fußende stapeln sich Kissen und warme Kaschmirdecken, falls es nachts einmal richtig kalt wird. Und der schlichte Wollteppich nimmt den Bodendielen die Kühle.

Winter

Nur wenige Dinge sind weißer als frisch gefallener Schnee. Er wirkt so strahlend weiß, weil er nur etwa fünf Prozent des Lichtes absorbiert und die anderen fünfundneunzig Prozent blendend hell reflektiert. Stellen Sie sich eine Welt ganz in Weiß vor, oder eine vom Raureif überzuckerte Landschaft. Weiß als Wohnfarbe soll uns dabei helfen, uns in einer warmen und beruhigenden Umgebung zu entspannen. Es soll einen weichen und angenehmen Kontrast zu der harten Wirklichkeit von Kälte und Frost vor der Tür bilden.

Es ist die Jahreszeit für Perlmutt, das das Flackern des Kaminfeuers reflektiert, für dicke weiße handgestrickte Pullover und weiße Kaschmirschals, für weiches weißes Fell und cremefarbenes Leder.

In der Küche wird der üppige, dunkle Teig des Weihnachtskuchens mit weißem Zuckerguss überzogen, der Stollen wird dick mit Puderzucker eingestäubt. Kandierter Ingwer mit feinen Zuckerkristallen türmt sich neben köstlichem Marzipan auf edlen Silberplatten.

Im Wohnzimmer verströmen edler weißer Samt und strukturierte Seide einen Hauch von Luxus, während heller Tweed und dicke Decken aus ungefärbter Wolle die Wärme einfangen. Schimmernde Gläser, große Teller aus edlem weißem Porzellan und funkelndes Tafelsilber schmückt den Tisch, kleine glitzernde Dekorationen erinnern uns an den scharfen Frost vor der Tür. Die glatten, geheimnisvollen Formen von Straußeneiern oder Regale voller Bücher in interessanten Pergamenteinbänden sind passende Dekorationselemente.

Im Schlafzimmer werden die Betten unter großen Bergen aus Federdecken begraben, vielleicht auch mit traditionellen, provenzalischen *boutis* – handgequilteten Decken, zwischen deren Stoffschichten Kordeln eingelegt sind, um die Muster besonders plastisch hervortreten zu lassen. Vergessen Sie nicht, dass auch flauschige weiße Teppiche, Berge einladender Kissen und gedämpfte Beleuchtung im winterlichen Schlafzimmer für die nötige Portion Behaglichkeit sorgen. Im Bad werden Glasgefäße bis zum Rand mit perlweißen Seifen gefüllt, und ein Stapel rauer weißer Handtücher liegt bereit, um nach einem heißen Bad den Kreislauf in Schwung zu rubbeln.

Weiße Blumen sehen im Winter herrlich aus. Ein dicker Strauß Lilien oder ein Sortiment kleiner weißer Übertöpfe mit Zwergrosen lässt jeden Raum kühl und elegant aussehen, etwa für eine glamouröse Party. Als Akzentfarben für den Winter sollten Sie glitzerndes Silber und das dunkle Grün immergrüner Pflanzen ausprobieren, die ein so wichtiger Bestandteil der winterlichen Farbpalette und natürlich der winterlichen Festdekorationen sind.

Weißes Eis

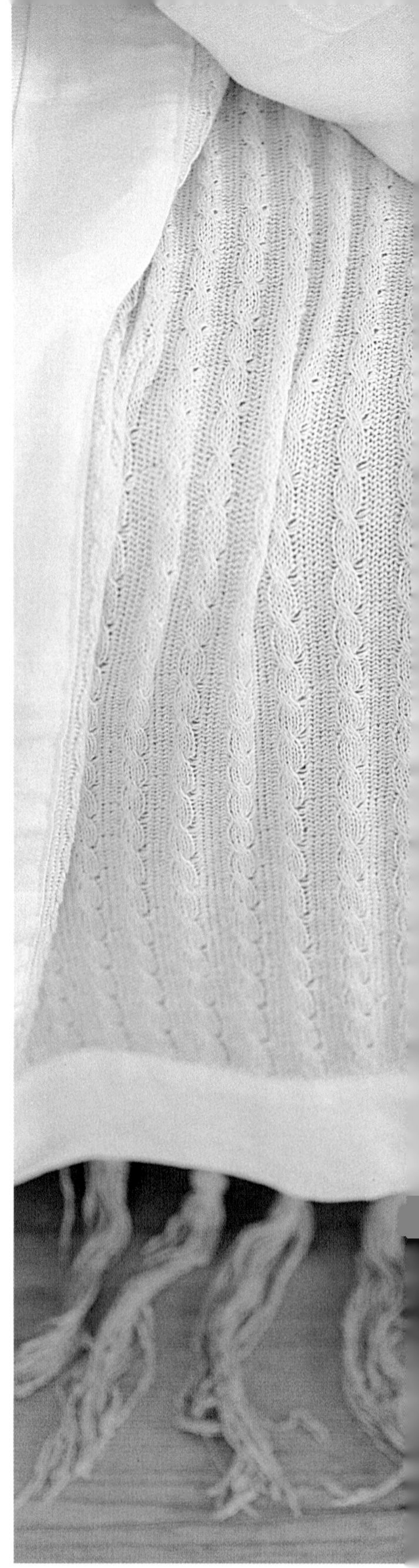

Winter Accessoires

Für mich lässt sich das Ziel der winterlichen Dekorationen in einem Wort zusammenfassen: Wärme. Weiße Wärme ist kein bisschen weniger gemütlich als eine dicke, kunterbunte Wolldecke.

Der Winter ist die Jahreszeit, in der man den Räumen Texturen und Substanz geben sollte. Am schönsten sind Weißtöne, die zu Creme hin tendieren und Stoffe, die gequiltet, wattiert, bestickt oder gestrickt sind.

Es ist erstaunlich, was beispielsweise ein Überwurf auf dem Sofa bewirken kann. Wenn Ihr Sofa einen weißen, waschbaren Bezug hat, können Sie im Frühling frische Kissen darauf legen. Im Sommer bleibt es ganz ungeschmückt, im Herbst verteilen Sie ein paar strukturierte Kissen darauf und im Winter holen Sie die dicke, warme Wolle hervor.

links Ein Sofa im Wintergewand mit einer Reihe von wollenen Fransenschals und einer gestrickten Kaschmirdecke von Bernie de Le Cuona.

unten Ein versilbertes Körbchen mit frischen Stoffservietten – beides aus dem 19. Jahrhundert. Das Glas ist Baccarat-Kristall, und die pistolenförmigen Griffe der Obstmesser bestehen aus Perlmutt.

rechts Glas mit klaren und matten Streifen – Latticinio-Glas genannt – wurde in Italien, Frankreich und Nordengland im 18. und 19. Jahrhundert hergestellt. Diese Hüte sind begehrte Sammlerstücke. Es gibt sie in allen Farben.

Mitte rechts Serviettenringe und Tischsets aus Silberdrahtgeflecht lassen den Tisch funkeln.

nächste Seite Im 19. und im frühen 20. Jahrhundert waren die Servietten außergewöhnlich groß. Sie wurden aus wundervollem, nahezu unverwüstlichem Leinen gewebt, das sich großartig anfühlt und sich anscheinend sogar besser waschen und bügeln lässt als das heutige Leinen. Für ein eher modernes Arrangement eignen sich schlichte Servietten, aber halten Sie auch die Augen offen nach solchen mit handgesticktem Monogramm – vorzugsweise natürlich Ihrem eigenen.

links Eine Besitzurkunde auf Vellum aus dem 19. Jahrhundert. Solche Besitzurkunden werden von Antiquitätenhändlern und Dekorateuren für viele Zwecke verwendet, weil das Vellum ein ebenso attraktives wie durables Material ist. In meiner Galerie setze ich diese Dokumente gern in meine Rahmen. Auf dem Vellum eine Sammlung von Elfenbeinsiegeln, ein Federhalter aus Elfenbein und ein Tintenfass aus Milchglas.

nächste Seite Ein Regal im Wohnzimmer einer Freundin wird eingerahmt von einem prächtigen neogotischen Ziergiebel in einem wunderschönen Grauweiß, das jedoch eher durch das Alter als durch eine spezielle Farbwahl zu Stande gekommen ist. Vor diesem Hintergrund habe ich alte Vellum-Bücher und allerlei übrig gebliebene Glastropfen von längst vergessenen Kronleuchtern arrangiert, dazu eine hübsche Schale aus Milchglas und eine schimmernde Sammlung von Vasen und Champagnergläsern aus dem 19. Jahrhundert.

rechts Diese großen Lavendelsäckchen sind aus antiken Leinenresten gemacht und mit Spitze und handgestickten Initialen verziert. Nach unserem Fototermin habe ich die Säckchen als Geschenke für liebe Freunde gekauft, und nun verbreiten sie in meiner Geschenkschublade einen herrlichen Duft. Mit Hilfe der großen Hutschachtel im Hintergrund können Sie sich eine Vorstellung von dem Format der Säckchen machen.

links Die lorbeerbekränzte Büste eines Poeten aus dem 19. Jahrhundert. Klassische Büsten passen in fast jede Einrichtung, ob traditionell oder modern. Genau wie alle anderen weißen Objekte passen Sie sich dem Ambiente an, weil sie nicht ins Auge springen oder visuell Platz einnehmen.

Aqvi
la
Vaga
Tom.6
Tom.4
Tom.2

Winter Glitzern

Das ist es, was der Winter braucht: Objekte, die beim Schein des Kaminfeuers und bei Kerzenlicht ebenso glitzern wie bei Tageslicht. Ich liebe geschliffenes Glas, und um damit verschwenderisch umgehen zu können, sammle ich Tropfen von alten Kristall-Kronleuchtern. Auf dem großen Bild liegt eine großzügige Hand voll solcher Tropfen (die sauber sein müssen, wenn sie funkeln sollen) in einer Glasschale. Die englische Bonbonniere aus dem 19. Jahrhundert ist mit Muscheln gefüllt, die sehr preiswert sind, aber überaus kostbar aussehen.

Winter Knospen

Anemonen sind reizende Blumen voll Charakter. Sie bringen Licht in die dunklen Wintertage. Hier habe ich Einzelblüten in kleine Röhrenvasen gestellt, die ich über Jahre gesammelt habe. Die meisten dieser Miniaturvasen habe ich in Kate Bannisters Geschäft in der Londoner Camden Passage gefunden. Man kann sie für die verschiedensten Zwecke einsetzen, etwa zum Dekorieren von Tischgedecken oder als gerade Reihe auf dem Kaminsims oder einem Regal. Mir gefällt das Bild dieser verschiedenen Vasen, die alle die gleichen Blüten – lediglich mit unterschiedlichen Stiellängen – enthalten.

Die Gemälde von Galley (siehe Seite 10) zeigen weitere meiner Lieblings-Winterpflanzen: Schneeglöckchen und Schneebeeren.

SALLEY 1999

Winter Festlichkeiten

links Ein Weihnachtsbaum von Louise Bradley. Diesen Baum ganz ohne Farbe hat Louise extra für mein Wohnzimmer entworfen – einen Raum mit einer stillen friedlichen Ausstrahlung, dessen Wände, Vorhänge und Möbel in fünf verschiedenen Weißtönen gehalten und mit Gold-Akzenten betont sind. Vom designerischen Standpunkt ist dieser Baum ideal für das Zimmer, und zugleich verbreitet er eine unglaublich festliche Stimmung.

Im Winter folgt ein Fest dem nächsten, darum muss das Haus gut vorbereitet sein. Die Tischdecken werden gestärkt und gebügelt, das Tafelsilber und die Gläser poliert, der Tisch gedeckt. Auch die Gästezimmer werden gelüftet und entstaubt, um Platz für Freunde und Verwandte zu schaffen.

In ganz Europa und Nordamerika gehört es zum Fest der Wintersonnenwende, immergrüne Zweige und Bäume ins Haus zu holen, um diese Zeit des Sterbens und der Erneuerung zu feiern. Die dunkelgrünen Zweige duften nach Winter, und sie sehen prächtig aus, wenn sie als Girlanden die Wände des Hauses schmücken. Beim Kombinieren von Weiß und Grün hole ich mir meine Inspirationen eher von dem hellen Grün der Misteln als vom dunklen Grün des Ilex oder der Tanne.

Kerzen haben in vielen Religionen und ihren Festen eine symbolische Bedeutung, beispielsweise im jüdischen Chanukka. In vielen Gottesdiensten zur Jahrtausendwende stand eine einzelne Kerze als Sinnbild für den Frieden. Als Blickfang für winterliche Feste kann man Kerzen sehr schön en masse einsetzen. Ich persönlich ziehe elfenbeinfarbene Bienenwachskerzen den blütenweißen Kerzen vor. Sie sind zwar teurer, doch ist ihr Licht unvergleichlich sanft.

Weiße Weihnacht

Als ich auf die Idee zu dieser Tischdekoration kam, habe ich zweifellos von einer weißen Weihnacht geträumt. Wie in den meisten Familien bestand die Weihnachtsdekoration bei mir früher aus der klassischen Kombination von Rot und Gold, doch ich wollte einmal experimentieren und etwas Neues ausprobieren, das gleichermaßen festlich wirkt. Das Porzellan stammt aus der französischen Loire-Region, wo ich das Glück hatte, einen Familienbetrieb ausfindig zu machen, der noch heute auf traditionelle Weise Fayencen herstellt. Die Formen sind faszinierend und unkonventionell, und sie harmonieren gut mit dem Kristall und den anderen Glasobjekten. Sträuße aus weißer Amaryllis, die mit Bast zusammengehalten werden, und zwei cremefarbene Saucieren mit dicken Sträußen weißer Anemonen bilden den erfrischend schlichten Blumenschmuck.

rechts Für diese mundgeblasenen Kristallgläser von Anthony Stern habe ich eine Schwäche: ich sammle sie schon seit mehr als zehn Jahren. Ihr unbeschreiblicher Glanz zollt Sterns Kunstfertigkeit Tribut. Am liebsten mag ich die kleinen „Champagner-Korken“-Gläser für den Digestif nach dem Essen.

oben Dieser weihnachtliche Tisch strahlt eine sanfte Harmonie aus. Die Cremetöne von Anemonen und Kerzen bilden einen zarten Kontrast zum klaren Weiß des Geschirrs, den bronzefarbenen Servietten und dem hölzernen Tisch.

rechts Auf jedem Fayence-Teller liegt eine Serviette aus bronzefarben schimmernder, gecrashter Seide. Die Porzellan-Serviettenringe wurden eigens für mich angefertigt.

rechts Am Fenster bildet ein Spitzenvorhang aus dem 19. Jahrhundert einen zauberhaften Hintergrund für den venezianischen Leuchter und die perlmuttschimmernde Nautilus-Schnecke.

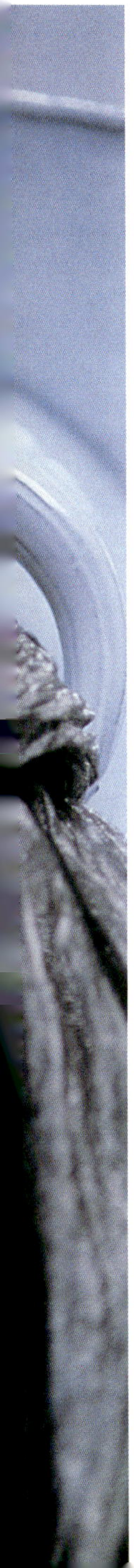

links und oben Eine elegante zweistöckige Obst-Etagere bildet das Mittelstück meiner weihnachtlichen Tischdekoration. Auf die untere Schale habe ich mit Puderzucker bestreute Trauben gehäuft, einzelne Lychees sorgen für Kontrast in Farbe und Oberflächenstruktur. Die obere Schale ist mit cremefarbenen Trüffeln aus weißer Schokolade gefüllt. Ich habe mehr glamouröse Tischdekorationen zusammengestellt, als ich erinnern kann, doch diese gefällt mir von allen am besten.

rechts Das Fayence-Geschirr hat einen eleganten Weißton und eine makellose Glasur.

unten Das selbst gebackene Brot mit vielen köstlichen Nüssen wird auf einem Brotbrett aus dem 19. Jahrhundert mit dazu passendem versilberten Tablett serviert.

Winter Romantik

Diesen Tisch habe ich für ein zauberhaftes Dinner für Zwei gedeckt, vielleicht um einen Geburtstag, eine Verlobung oder auch den Valentinstag zu Hause zu feiern. Alle Elemente dieser Tischdekoration hatte ich im Hause – es kam nur darauf an, sie geschickt zu arrangieren. Ich muss zugeben, dass ich gläserne Kerzenhalter sammle, also hatte ich eine reiche Auswahl. Verzichten Sie besser auf Paare: das stört den romantischen Effekt.

Auf den Tisch legte ich eine bodenlange, cremefarbene Seidendecke, auf die für den Extra-Glanz eine runde Glasplatte kam. Der französische Stuhl aus dem 18. Jahrhundert ist mit einem Stoff von Carolyn Quatermaine bezogen, einem Segeltuch mit zarter goldfarbener Schrift.

rechts Die Äpfel aus wolkigem Glas stammen aus einer ganzen Sammlung von Glasfrüchten aus den 1920er Jahren. Auf dem Tisch verstreut liegen weiße Lilienblüten und Schokoladenherzen in Goldfolie. Die Glasschale ist mit silbern dragierten Mandeln gefüllt, in der Bonbonniere häufen sich Muscheln. Hier glitzert und schimmert alles.

rechts Detailaufnahme einiger Glasleuchter mit gedrehten, barocken Füßen. Alle Leuchter und Gläser stammen von meinem Lieblings-Glasbläser Anthony Stern. Die doppellagigen Seidenservietten mit handgefertigter Perlenstickerei (nur für besondere Anlässe) stammen von Sethi and Sethi aus New York, die göttlichen Serviettenringe mit Perlenquasten von Wendy Cushing.

rechts Von allen Kerzen mag ich diese gedrehten am liebsten. Sie werden in Kalifornien hergestellt und sind überall in den USA zu haben – und manchmal auch in meiner Galerie. Besonders gefällt mir die Art, wie sie herunterbrennen: dabei bleiben Wachsrippen stehen, die die Flamme wie die graziösen Arme eines Balletttänzers beschützen.

Winter Interieurs

Stellen Sie sich das Flackern eines Kaminfeuers auf einer weißen Wand vor – alle Konturen und Schatten springen und leuchten. Während dunkle Farben das Licht absorbieren, werfen helle Töne es zu Ihnen zurück. Weiß verändert die Proportionen und den Charakter eines Raumes, und es lässt auch die verschiedenen Oberflächen und damit ihre taktilen Qualitäten hervorragend zur Geltung kommen.

Der Winter ist die Zeit für die üppigen weißen Interieurs: wattiert, kuschelig, in dicke, behagliche Stoffe gehüllt. Da kann eine Farbumgebung, in der man die Rippenstruktur indischer Baumwolle, den Schimmer cremeweißen Vellums, die Maserung lasierter Hölzer und die Patina alten Marmors erst voll zur Kenntnis nimmt, nur richtig sein. Außerdem ist Weiß unglaublich vielseitig. Es ist die einzige Farbe, die zum Stil einer Stadtwohnung ebenso problemlos passt wie zu einem Landhäuschen. Weiß kann klar, edel und urban wirken, aber auch wohnlich, gemütlich und rustikal. Es passt ebenso gut zu Hunden und Kaminfeuer wie zu Martinis und Minimalismus.

Ich finde übrigens, dass Weiß auch ausgesprochen praktisch ist. Natürlich sind kleine Kinder mit klebrigen Fingern und eine neue Packung Fingerfarben eine akute Bedrohung, doch wenn solche Aktivitäten auf das Kinderzimmer beschränkt bleiben, ist Weiß nicht empfindlicher als andere Farben. Keine Oberfläche ist völlig resistent gegen Flecken, und wenn Sie Ihre Wohnung nicht gerade mit Edelstahl und Plastik einrichten wollen, müssen Sie in jedem Fall die eine oder andere Reinigung in Kauf nehmen. Wählen Sie waschbare Stoffe und abnehmbare Bezüge, seien Sie ein bisschen vorsichtig und kuscheln Sie sich im Winter in einen Berg aus gemütlichem Weiß ein.

links Für die Küche im Haus der Designerin Bernie de Le Cuona im englischen Windsor wurden drei kleine Räume zusammengefasst. Dieser Teil mit dem steinernen Kamin, den bequemen Sofas, dem Steinfußboden und dem eingebauten Schrank war einmal die Pantry des Butlers. Die Kerzenhalter kommen aus Afrika, die Feuer-Katzen vom Camden Market in London.

Wärme im Winter

rechts Texturen spielen für die in Südafrika geborene Designerin Bernie de Le Cuona eine große Rolle. Hier ist eine Wildlederdecke mit Fransen über das Sofa mit Leinenbezug drapiert.

Die Designerin Bernie de Le Cuona entwirft die herrlichsten Decken und Kissen. Außerdem sammelt sie Objekte, die man andernorts niemals finden würde.

Die prächtige Fransendecke auf dem großen Foto besteht aus feinstem Wildleder, Bernie hat dazu passende Kissen entworfen. Das Wildleder sieht hinreißend aus und es fühlt sich noch schöner an. Es bringt im Winter angenehme Wärme und eine Überraschung für den Tastsinn in das Interieur.

Die Sofas selbst sind mit sehr schwerem, grobem deutschem Leinen bezogen. Der Tisch im Vordergrund des kleinen Fotos besteht aus afrikanischem Hartholz, die zierlichen weißen Teetassen aus feinem chinesischem Porzellan.

rechts Ein Streifen gefältelter Tussah-Seide dient als Überwurf. Er passt perfekt zu den Kissen, die mit dem gleichen Stoff wie die Polstermöbel bezogen sind.

oben Im Treppenhaus in Bernie de Le Cuonas Haus ist die Jalousie halb heruntergelassen, um die winterliche Kälte auszusperren. Das Foto zeigt, dass weiße Jalousien rund ums Jahr ihren Wert haben. Weil sie das Licht weicher machen, ohne es auszusperren, wirkt das Sommerlicht kühler und das Winterlicht wärmer.

rechts Auf dem Tisch unter dem Fenster steht eine Holzschale mit skurrilen gebleichten Wirbeln verschiedener Tiere, gesammelt auf Safaris in Afrika. Die Schale steht auf einem Tisch, der im Winter mit einer wollenen Decke verhüllt wird.

rechts Diese Faltjalousie besteht aus schwerem Leinen. Ihre Linienführung wiederholt die Struktur der umgebenden Wandpaneele. Der japanische Stuhl im Vordergrund ist aus einem einzigen Stück Holz geschnitzt – ein sehr ungewöhnliches und skulpturales Stück.

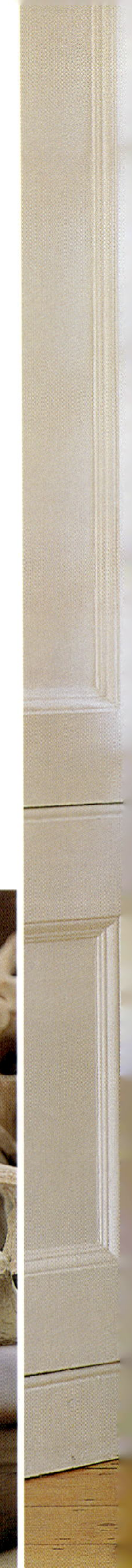

Pure Behaglichkeit

Dies ist das Schlafzimmer in Bernie de Le Cuonas Haus. Der Raum ist riesig, und eine Ecke war früher abgeteilt, um Platz für eine Dusche zu schaffen. Bernie beschloss, die ursprünglichen Proportionen des Raumes wieder herzustellen und eine Badewanne ins Schlafzimmer zu integrieren. Es ist eine große, altmodische Gusseisenwanne von der Sorte, die das Wasser lange heiß hält. Der beheizbare Handtuchständer besteht aus einem langen Stück Kupferrohr. Der Wäschekorb stammt aus Afrika, der großartige französische Spiegel, der an der Wand lehnt, ist ein Fundstück aus einem Antiquitätengeschäft. Das Sofa steht in praktischer Reichweite, sodass man sich von den Strapazen eines langen Bades darauf ausruhen kann. Dies ist wirklich ein Schlafzimmer, in dem man die Sorgen des Tages vergessen kann.

links Mit seiner altmodischen Gusseisen-Badewanne und den weiß gestrichenen Wandpaneelen hat dieses Schlafzimmer deutlich minimalistische Züge. Lichtreflexe schimmern und funkeln auf den Glaskaraffen und den Flaschen mit silbernem Verschluss. Sie sorgen dafür, dass das schöne, ruhige, sparsam eingerichtete Interieur nicht zu nüchtern wirkt.

rechts Ein einfacher Stuhl neben der Badewanne dient zum Aufhängen von Handtüchern und zum Abstellen der Seifenschale. Die hier abgebildete Seifenschale ist ein handgefertigtes Exemplar aus Speckstein.

links Waschlappen und Gästehandtücher in einem wunderbar zarten Cremeton sorgen für zarte farbliche Varianten. Ich liebe handgemachte Seifen. Sie riechen wie eine ganze Schüssel Obst und sehen oft zum Anbeißen appetitlich aus.

Frühlingsfarben

1 Lido

2 Water Meadow

3 Aqua Mist

4 Nest Egg

5 Wattle II

6 Leamington Mist

Sommerfarben

7 Cloud White

8 Cornflower White

9 Jade White

10 Chinoiserie

11 Gustave

12 Ice Blue

1, 4, 11: Nina Campbell@Paint Library; 2, 3, 9: Dulux; 5: David Oliver/Paint Library; 6: Homebase Historic Tones; 10: Crown Paints; 12: Paint Magic

Herbstfarben

13 Celariac

14 Popcorn

15 Bamboo

16 Clotted Cream

17 Barley White

18 Buttermilk

Winterfarben

19 Linen

20 Sand III

21 Limestone

22 Shell

23 Stone II

24 Slate III

13, 14, 15, 19: Nina Campbell@Paint Library; 16, 21, 22: Kelly Hoppen; »Perfect Neutrals"; 17, 18: Dulux; 20, 23, 24: David Oliver/Paint Library

Bezugsquellen

Antiquitäten

Guinevere Antiques
578 Kings Road
London SW6 2DY

Lunn Antiques
86 New Kings Road
London SW6 4LU

Alexia Amata
Antiquarius, Kings Road
London SW3 4PW

Porzellan, Glas, Tischdekorationen

Anthony Stern
Avro House,
Havelock Terrace
London W8

Blumenschmuck

John Carter
Studio C3, The Depot,
2 Michael Road,
London SW6 2AD

Rob Honey
Telefon: 7932 697512

Grovers Ltd
7-9 Exhibition Road
London SW7 2HE

Designer-Läden

Nina Campbell
9 Walton Street
London SW3 2JD
7 Milner Street
London SW3

Louise Bradley
15 Walton Street
London SW3 2HX

Stephanie Hoppen
17 Walton Street
London SW3 2HX

Chelsea Textiles
7 Walton Street
London SW3 2JD

Baker & Spice
46 Walton Street
London SW3 IRB

Monogrammed Linen Shop
168 Walton Street
London SW3 2JL

Einrichter

Kelly Hoppen Interiors
Alma Studios, Stratford Road
London W8 6QF

Textilien

de Le Cuona
1 Trinity Place, Windsor
Berkshire SL4 3AP

General Trading Company
144 Sloane Street
London SW1X 5BL

Wendy Cushing
G7 Chelsea Harbour Design Centre
London SW10 OXE

Stuart Hands
(exclusive Vorhänge)
Telefon: 20 7373 0068

Accessoires

Andrew Martin
200 Walton Street
London SW3 2JL

The White House
102 Waterford Road
London SW6 2HA

Heals
196 Tottenham Court Road
London W1P 9LD

Divertimenti
139 Fulham Road
London SW3 6RD oder
45 Wigmore Street
London W1H 9LE

Designer's Guild
267-277 Kings Road
London SW3 5EN

Liberty
220 Regent Street
London W1R 6AH
David Mellor
4 Sloan Square
London SW1W 8EE

Muji
26 Great Marlborough Street
London W1V 1HL

Brats
281 Kings Road
London SW3 5EW

Osborne & Little
304-308 Kings Road
London SW3 5UH

Versandhandel

White Mischief
Telefon: 0044 1444 471769

The Natural Fabric Company
Wessex Place,
127 High Street,
Hungerford RG17 ODL
Telefon:
0044 1488 684002

Nice Irma's
Finchley Industrial Centre,
High Road
London N12 8QA
Telefon:
0044 20 8343 9766

Farben und Lacke

Fired Earth (Kelly Hoppen «Perfect Neutrals")
Twyford Mill, Oxford Road
Adderbury,
Oxon OW17 3HP
Telefon: 0044 1295 812088

Paint Library
3 Elystan Street
London SW3 3NT

Paint Magic
79 Shepperton Road
London N1

Dulux
Fachberatung Deutschland
Telefon: 0180 52 40 042

Mit Filialen auch in Deutschland vertreten:

The Conran Shop

Habitat

Ikea

Liberty (Hamburg)

Register

Danksagung

Unser Dank geht an

Louise Bradley, die uns erlaubte, ihre herrliche Wohnung zu fotografieren. Nina Campbell und ihre Tochter Rita Konig, die verschiedene Tischdekorationen für mich entwarfen und deren Interieurs seit der Stunde Null in meinen Büchern erscheinen. Genevieve Weaver und ihre Söhne und Schwiegertöchter, die mit erlaubten, in ihrem Schatzkeller „Aladdin's Cave" vielerlei wundervolle weiße und cremefarbene Objekte zu fotografieren.

Ein spezieller Dank an Rob, der mit sicherem Blick und grenzenloser Geduld das Styling für die Guinevere-Fotos übernahm. Ohne solche zuverlässige Unterstützung wäre ich verloren. Dank an Bernie de Le Couna, die uns ihr Haus und auch ihre Accessoires in Creme und Weiß auslieh. An Anne Singer vom Monogrammed Linen Shop. An Mona Perlhagen von Chelsea Textiles. An Stuart Hands (den König der Vorhänge) für Rat und Hilfe. An Rob Honey und Dave Lawrence von Grovers für die prächtigen Blumenarrangements. An Gail Stephens von Baker & Spice, die uns in ihr Haus einlud, als das Licht plötzlich schlechter wurde und wir im Geschäft nicht mehr fotografieren konnten. An meinen Fotografen Andrew Wood, der seit jeher schon vor mir genau weiß, was ich will, und der all die langen Fototermine zu einem Vergnügen machte. Mein besonderer Dank gilt meiner Lektorin und Freundin Cindy Richards, die an meinen Instinkt glaubt und genau weiß, wie sie mich dazu bekommt, zu tun was sie will.

Bildnachweis

Alle Fotos mit Ausnahme der folgenden wurden von Andrew Wood für Cima Books aufgenommen:

Stephanie Hoppen: 11, 40 (oben rechts), 133 (kleines Foto); Andrew Wood / The Interior Archive: 12 (oben rechts), 13, 41, 42-45; Jacques Dirand / The Interior Archive: 48; Fritz von der Schulenburg / The Interior Archive: 52; Simon Uptown / The Interior Archive : 66: Andreas von Einsiedel: 72-73, 134 (kleines Foto).